春秋童话

喻守真 著

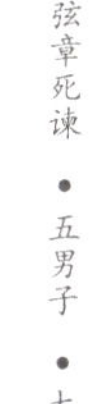

• 弦章死谏 • 五男子 • 大旱

• 三款死罪 • 爱槐 • 大台之役

• 重履临朝 • 社鼠猛狗 • 崔杼劫盟

• 小雀儿 • 你不是我的君上……

民国经典童书

儿童古今通

知识产权出版社

全国百佳图书出版单位

图书在版编目（CIP）数据

晏子春秋童话 / 喻守真著. — 北京：知识产权出版社，2019.1
（儿童古今通）
ISBN 978-7-5130-5852-0

Ⅰ. ①晏… Ⅱ. ①喻… Ⅲ. ①先秦哲学 ②《晏子春秋》—少儿读物 Ⅳ. ①B22-49

中国版本图书馆 CIP 数据核字（2018）第 214852 号

责任编辑：王颖超　　责任校对：潘凤越
文字编辑：褚宏霞　　责任印制：刘译文

晏子春秋童话

喻守真　著

出版发行：知识产权出版社有限责任公司　网　址：http：//www.ipph.cn
社　址：北京市海淀区气象路 50 号院　邮　编：100081
责编电话：010-82000860 转 8655　责编邮箱：wangyingchao@cnipr.com
发行电话：010-82000860 转 8101/8102　发行传真：010-82000893/82005070/82000270
印　刷：三河市国英印务有限公司　经　销：各大网上书店、新华书店及相关专业书店
开　本：880mm×1230mm　1/32　印　张：2.625
版　次：2019 年 1 月第 1 版　印　次：2019 年 1 月第 1 次印刷
字　数：35 千字　定　价：22.00 元

ISBN 978-7-5130-5852-0

序　说

晏子姓晏名婴，谥平仲，齐国莱——山东掖县——人。他身体很短，见识很广，历事灵公、庄公、景公三个荒淫的君主，他都能尽忠极谏。那时齐国虽然衰弱，但靠他的手腕斡旋，却能相当维持齐国的国际地位。他个人的生活，却非常简单，虽然做了齐国的宰相，但非常节俭，完全和平民一般：穿的是很粗的黑布，吃的是脱粟，住的是街市中几间狭小低湿的老房子，代步的是破旧的棚车，没用的驽马。俸禄收入，都救济了亲戚朋友。

《晏子春秋》是儒家的第一部书，分作七卷：内篇谏上，内篇谏下，内篇问上，内篇问下，内篇杂上，内篇

杂下，外篇。至于这部书所以称为“春秋”的缘故，因为从前鲁国的史记叫《春秋》，所以后世记载史实的书，也叫《春秋》。不过，这不是晏子亲手的著作，却是晏子死后，他的宾客所记录的。

本书编述的取材方面，有几种标准：（一）适合儿童的心理，对于晏子滑稽的词令，尽量采入。（二）用浅明的白话，达深奥的古语。（三）适应时代的背景。片段虽不多，已够儿童对于一个能勤俭持身，尽忠极谏，肯负责任，不怕强暴的人——晏子，有相当的认识。

目　录

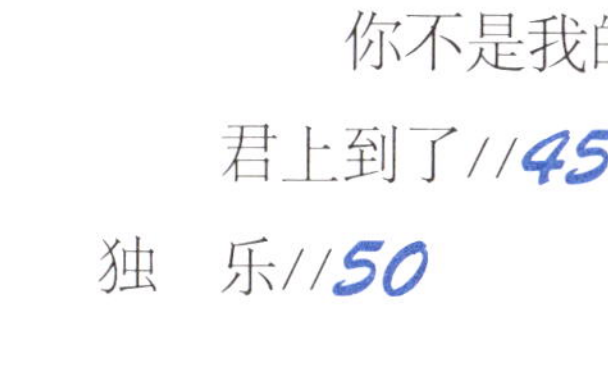

弦章死谏

景公❶一连饮了七日七夜酒，还不肯停止，一切事情，都荒废着不管。他的臣子弦章❷进谏道："大王这样饮了七日七夜的酒，究竟有什么好处呢？我愿大王戒除了吧！——不然，请大王将我杀了！"景公醉醺醺地眯着眼睛，对他望了一望，依旧拿起酒杯，不理会他。

❶ 景公：齐国的国君，名杵臼。
❷ 弦章：姓弦名章，齐大夫。

晏子这时正为了公事，也进来见景公。景公素来很敬重他，见他进来，就停杯对他说："方才弦章说，愿我戒除了酒；不然，请将他杀了。我倘然听他的话，不再饮酒，那是受他的节制了；不听呢，又舍不得他死。这真使我为难呢！"

晏子笑道："好运气！弦章竟遇见大王这样仁慈的君主，倘他遇到桀纣[1]那样暴虐的君主，他早死得长久了！"

景公听了，醒悟过来，就给弦章谢罪。从此以后就戒酒不饮。

[1] 桀纣：桀即夏帝履癸的谥，多杀人叫桀；纣即殷帝辛的谥，残忍叫纣。

五男子

景公有五个儿子，请了五个师傅去教导他们。每人都给他一百乘[1]的车子，非常尊贵。晏子也是其中的一个。

景公因为很爱惜儿子们，有一天，将五个师傅都请来相见。先对一个师傅道："好好地教吧！将来就立你所教的孩子做世子[2]。"随后又对一个师傅道："好好地教导吧！将来我的位子就传给你所教的孩子。"……景

---

❶ 乘（shèng）：古时的兵车，驾以四马，一车叫一乘。春秋战国时，说到国力，总以兵车的数目来比较。

❷ 世子：诸侯的儿子有承继君位的资格的叫世子。

五男子

公同样地对四个师傅许了愿心。他们都非常欢喜，心想将来他的学生做了世子，传位做君主，自己就可倚仗教导的功劳，得宠专权。

后来轮到晏子，景公也同样地对他说了。晏子却正色辞谢道："大王叫臣子们负责教导世子们，我们做臣子的哪敢不勉励呢。但是现在大王对五个师傅都说：'将来就立你所教的做世子。'那是一家中五位世子，都有承继君位的希望，五个师傅将来也都有做权臣的可能；那就免不了各自去分立党援，互争势力，这就是亡国之道，我却不敢从命，请大王仔细想想吧！"

大　旱

齐国大旱，过了好久时候。景公非常忧虑，将臣子们召来问道："天长久不下雨了。五谷[1]都不能及时下种，百姓也有饥饿的脸色了。我曾经差人去祷告求卜[2]，说是高山深水在那里作祟[3]，所以有这样的旱。我现在想加收些捐税，作为祭告灵山的用途，你们想可以吗？"

这时许多大臣们，都你看我、我看你，一个也不能

---

❶ 五谷：就是稻、黍、稷、麦、菽。

❷ 卜：古时要预知事的吉凶，常将龟壳用火一烧，看它裂缝的横直，来定吉凶，国家并且设有专官，像太卜、卜人之类。

❸ 祟（suì）：鬼神祸人叫祟，作祟犹言作祸。

回对。

晏子看了，心里很好笑，就上前说："不可，祭山是无益于事的。我想灵山原是岩石做身子，草木做头发的，现在天长久不下雨，他的头发将要晒焦了，他的身子也烤得热了。难道他独不想下雨吗？祭他有什么用！"

景公听了，点点头道："那么我想去祭河伯[1]，求雨，可以吗？"

晏子道："不可！河伯是水做国家，鱼鳖做百姓的，现在天长久不下雨，泉水快要流竭，百川快要干涸，百姓也将死灭了。难道他独独也不想下雨吗？祭他又有什么用！"

景公蹙着眉头道："那么现在怎样呢？"

晏子说："大王倘能出了宫殿，到外面去和百姓们

---

[1] 河伯：古时传说黄河的神。

大旱

同受太阳的灼晒，和那灵山河伯一同担着忧，或者天可怜见，幸而会下雨呢。”

景公于是领了君臣出宫，在田野里起居，晒着那酷热的太阳，慰问穷苦的百姓们。这样的到了第三天，天果然下起大雨来，农人们都得及时下种。

三款死罪

景公叫圉人❶养他所心爱的马。一天，马忽然暴毙。景公大怒，要支解❷那养马的人。

这时，晏子正在景公的左右。他见三四个卫士拿了明晃晃的刀进来，那圉人已吓得面色灰白，在一旁战栗着。晏子看了，心里老大不忍，就一面摇手止住他们不要动手，一面有意无意地问景公道："请问从前尧舜❸支

❶ 圉（yǔ）人：养马的人。
❷ 支解：将人两足两手断了，是古时的酷刑。
❸ 尧舜：尧即唐尧，舜即虞舜，是古时圣明的君主。

解犯人，不知从哪一部分开始？”

景公经晏子一问，一时回答不来，心想尧舜何曾支解过罪人，这明明是他故意讥讽我，随即醒悟过来，忙向卫士挥手道：“放了他吧！”

景公终于可惜马的死，恨那圉人，随又叫将圉人监禁在牢里。晏子又上前请道：“这事圉人还不曾知道究竟犯了什么罪而死。我请代大王一款款地宣布他的罪状，使他知道所犯的罪，然后将他监禁起来。”

景公说：“好！”

晏子就很严厉地对圉人道：“你的罪有三款：大王差你养马，你将它杀了，这是你所犯死罪的第一款。你偏又杀了大王最心爱的马，是你所犯死罪的第二款。你杀了马，又叫大王为了一匹马而杀人，百姓听了，必要怨恨我大王；各国诸侯听了，必定轻蔑我国家。你想：你杀了大王的马，却使大王和百姓积怨，甚至为邻国见笑。

这尤其是你所犯死罪的第三款。现在你可知罪吗？就到监狱里去吧！”

晏子越说越怒，圉人低头不响。景公一句句听着很刺心，自己也晓得错了，就离了座连忙对晏子道：“先生放了他吧！先生放了他吧！不要使我伤了仁慈的心吧！”

爱 槐

景公种了几株槐树，特地派吏役小心看守，并且立了一根木头，挂着一道禁令，写着："侵犯槐树的，罚；损伤槐树的，死。"

一天，一个醉汉走过，没有知道禁令，竟触犯了槐树，吏役就将他捉住。

景公得到吏役的报告，大怒道："这是第一个犯我的禁令，非将他重重治罪不可！"

侵犯槐树的罚
损伤槐树的死

醉汉有一个女儿，听说她父亲犯罪捉去，她就急忙赶到晏子家里，对门上人恳求道：“我有话要和相国[1]讲，并且很希望来侍候相国。”门上进去报告晏子，晏子听说很为惊异，心想：“我难道喜欢美色吗？为什么这小女子不嫌我年老，要来侍候我呢？——这必有别的缘故。”就叫门上领她进见。

不多时，那女子进来。晏子从堂上望见，暗道：“怪啊！看她脸色很忧愁呢。”就叫她近前，问道：“你为什么这样忧愁？”

那女子拜了一拜，含泪答道：“君上种了槐树，悬挂禁令，犯它的有罚，伤它的处死。我父亲不该吃醉了酒，不留心那禁令，竟触犯了槐树，就被吏役捉去治罪。——但是我听说贤明的君主，立法治国，不减削俸禄[2]，不加重刑罚；并且不为了私恨妨害公法，不为了禽兽去伤百姓，不为了草木去伤禽兽，不为了野草去伤禾苗。现在

❶ 相国：宰相，是替君主施行政治的人。

❷ 俸禄：官吏所得的报酬。

我们君上竟为了槐树要杀我父亲，害我孤独无依。——这种法令，已经公布于全国了。不过我听说，勇士不以人多力强来欺凌孤独的人；明惠的君主，不肯拂逆人民所认为不错，来自行其意的。这譬如清理鱼鳖一般，只要去了腥臊[1]就是。现在君上对人民出令，倘然这种法令，对于国家后世有益的，那么我父亲犯法而死，也是当然的，我也应得来替他收尸[2]。可是现在这种法令，却不是这样的，为了几株树，就加罪我父亲。我想这未免坏了察吏治民的法，而害了君上的仁德吧！就是邻国听了，都说我们君上爱树而贱人，这难道对的吗？——请相国审察我的话，来裁判我犯禁的父亲。”

晏子听那女子一番诉说，就叹道：“唉！——你放心！我替你到君上面前去说吧。”随又差人送她归去。

第二日早朝的时候，晏子就对景公道：“我听说搜刮了人民的财力来供我嗜欲，就叫作暴；重视那玩好的

---

❶ 腥臊：鱼肉秽臭的气味。

❷ 收尸：是收殓死尸的意思。

东西，使它和君王一样的尊严，这叫作逆；擅杀那无罪的人，这叫作贼[1]。这三件事是治国的大害。现在大王穷民的财力，来装点饮食的器具，钟鼓的娱乐，宫室的观瞻，这实是最大的暴行。重视玩好，挂了爱槐的禁令，使那乘车的疾驰而过，步行的慌忙趋避，威严比之君王，这就是最显明逆民的事。犯槐树的有罚，伤槐树的得死；刑罚不正当，这又是贼民最深的事。——我想大王自有国家以来，对于人民，未见有什么德行；而这三种害民的政治已经在国里发现，这恐怕不能治国抚民呢！”

景公听了晏子的话，深悔自己不该为了槐树，引起他的责备，就对他谢道：“没有先生教训我，我几乎得罪国家，得罪百姓。现在承你教我，这是国家的幸福，是百姓的幸福，我受教了！”

晏子出来之后，景公就差人赶快撤回守槐的吏役，取消伤槐的法令，拔去悬挂禁令的木头，释放犯槐的罪人。

---

[1] 贼：害的意思。

大台之役

晏子出使到鲁国，当他回国的时候，景公正使人动工起造大台。这时天气大寒，工人们非常怨恨，各处都有冻饿的人，人人都怨望晏子，说他不肯替他们在景公面前说话，停止大台的工程。

晏子到了京城，向景公复命。景公请他坐下饮酒，君臣俩非常快乐。晏子随后立起身来谢道：

“大王赐臣饮酒，请听臣唱一首歌——

庶民之言曰：'冻水洗我若之何！

太上靡散我若之何！[1]'"

晏子唱罢，喟[2]然长叹，声泪俱下。景公见晏子这样悲伤，心中纳罕[3]，就劝止他，问道："先生！为什么这样？——难道为了我起造大台的事吗？那我就叫他们立刻停止就是，先生不要伤心吧！"

晏子听了，收泪再拜，却一句话也没有，便匆匆出去。径到大台，拿着木杖，鞭责那些不用力的工人，并且厉声说道："我们小人，尚且都有房屋来避风雨燥湿，现在君王叫你们造一个台，你们却不用心的替他快快地造成，这是什么道理！"

可怜工人们已是冻饿得有冤无处诉，不想晏子不但

❶ 太上：指景公。靡散：是没有散给的意思。天寒冻饿，希望景公去救济，所以怨而作歌。

❷ 喟（kuì）：叹气的声音。

❸ 纳罕：诧异，惊奇。

不替他们说话，反来督责催赶。于是国人都说晏子助了景公来暴虐百姓，大家愈加怨恨他。

晏子从大台回来，还没有到家，那景公已下紧急命令，赶紧停止工程。传命令的车子飞驰而过，吏役们也狂奔着。

后来仲尼[1]听到这件事，非常赞叹道："古时候做臣子的，有好的声名，就归到君王；有什么灾祸，却归到自己。进去，劝谏他君王的不善；出来，却竭力称誉他君王的仁义。所以虽然他侍候很惰很坏的君王，也能使他治理国家，信服诸侯。在他自己呢，却又不敢自居其功。当得起这样的，只有晏子呢！"

[1] 仲尼：孔子的字。

重履临朝

景公命鲁国的工人特别定做一双鞋子，用黄金的链条做鞋带，再用白银来装饰鞋面，四周缀着珍珠，鞋头上镶着美玉，长一尺。在冬天穿了去临朝听政。

这天，晏子进来朝见，景公起身迎接，不想因为穿的鞋子太重了，只能略略地将足一举，不能开步；随即欠身坐下，搭讪[1]着问道："今天冷吗？"

---

[1] 搭讪：难为情，说话勉强敷衍的样子。

晏子早看见景公的鞋子，就回答道："大王为什么问起天冷呢？——我听说从前圣人做衣服，冬天要取它轻而暖，夏天要取它轻而凉。大王在冬天穿了这样金银珠玉装饰的鞋子，那自然格外来得冷了。并且鞋太重了，不能自由运动，使得两只脚不能胜任，这未免为了贵重华美而失了生活的意味了。所以我说这完全是鲁工不知寒暖的节度，轻重的分量，以致妨害正当的生活，这是他第一款的罪；制作不合常度的服饰，为诸侯见笑，是他第二款的罪；耗费金钱，毫无益处，引起百姓的怨恨，是他第三款的罪。敢请大王将他拘来，交官厅去审判！"

景公想不到穿了一双鞋子，却引出晏子许多大道理来，正懊悔不该穿它；后来听晏子说要治鲁工的罪，心里又可怜他，就恳晏子看他苦，饶了他，不要问罪。

晏子却毅然答道："不可！——我听说苦了身子，去做善事，那就得重赏；倘然苦了身子，去为非作歹，那就犯了重罪。"

景公听了不答。晏子也就走出，立刻令吏役捉拿鲁工，又着人押送出境，永远不准他再入境。

景公听得这样一办，心里很惭愧，就脱了那双珍贵华丽的鞋子，不再去穿它。

社鼠猛狗

景公问晏子道："治国是什么事最须担忧？"

晏子说："最可担忧的是社鼠。"

景公听着很怪，追问道："为什么呢？"

晏子说："社是里面排列直木的泥墙，老鼠们就躲在那里，不容易捕杀它们。因为你如用火去熏，恐怕烧了里面的木；用水去灌呢，又恐怕冲坏了墙。老鼠们终于不能捕杀，就是因为要顾全那社的缘故。一个国家，也有这种情形。就是君主左右亲近的人，也仿佛和社鼠一般。里面呢，在君主面前隐善蔽恶；外面呢，在百姓身上倚势弄权。不去惩戒呢，他们就肆无忌惮地暴乱着；要是惩戒呢，他们却是君主亲信的人，有君主保护着。——这就是国家的社鼠咧！”

景公点头称是。晏子继续说：“有一个卖酒的，地方布置得非常整齐，器具收拾得非常清洁，门口飘着很长的酒旗。但是，没有人来买他的酒，却酸了。他很疑惑，去问邻里的人。有一个人对他说：‘你的狗非常凶恶。有人提了酒壶来买酒，你的狗就迎头乱咬，替你回绝买卖，所以你的酒不能出卖，就得酸咧。’一个国家，也有这样的恶狗，就是那当权用事的人。倘有才能的人，想来进见君王，那当权的人，恐怕他得用了，自己要失势，就对他迎头乱咬，不使他进见，这便是国家的恶狗呢。——左右亲近的人是社鼠，当权用事的人是恶狗，做君主的哪得不壅蔽[1]，国家哪得不担忧呢？”

[1] 壅（yōng）蔽：隔绝蒙蔽。

崔杼劫盟

崔杼既然杀了庄公[1]，拥立景公，就和庆封[2]两人同掌国事。他恐怕众人不服，就将许多将军、大夫和显士、庶人等强迫邀来，聚集在太宫的坛场上，逼令他们立誓订盟。

他又造了一个二丈多高的坛，坛外用兵士团团地围着，来盟的均须卸除佩剑进去。独有晏子带剑直入，崔

❶ 庄公：名光。景公之兄，灵公之子，为崔杼（zhù）所杀。

❷ 庆封：人名，齐大夫。

杼也奈何他不得。

崔杼看人都齐了，就上坛厉声宣告说：“今天有胆敢不肯立盟的，戟就钩他的颈，剑就刺他的心！并须自己立誓说：‘倘然不助崔、庆而助公室，当受不祥。’说话不快，指头歃[1]下不及血的，应死！”

将军、大夫们见崔杼这样的暴戾，想起故主庄公的被杀，一个个怒气填胸，都不肯和他盟誓。崔杼大怒，就陆续地杀了七个人。

轮到晏子了，他很从容地捧了一杯血，头仰着天，长叹一声发誓道：“啊！崔子无道，杀他君上；倘有不助公室而助崔、庆的，当受不祥！”说罢，就低着头用指歃血涂口。

崔杼听晏子立誓有意反抗，气愤极了。——转念一

---

❶ 歃（shà）：古代举行盟会时饮牲畜的血或嘴唇涂上牲畜的血，表示诚意。

想，晏子是齐国的贤大夫，须得笼络他，就对他说道："你倘变换你的话，我和你共有齐国。否则，戟，就在你的颈；剑，就在你的心！请你细细去想吧！"

晏子毫不迟疑地答道："用刀来强劫我，我就丧失我的志气，不算勇！用利来诱惑我，我就背叛我的君主，不算义！唉！崔子！你难道没有学过《诗》吗？《诗》说：'莫莫葛藟，施于条枚；恺悌君子，求福不回。'❶现在我难道可以回心屈服了来求福吗？你尽用曲的戟，直的剑，来钩我刺我吧！我总不改变我的话了！"

晏子这一番话，说得斩钉截铁。崔杼恨极了，想要杀他。旁边有人劝阻说："这万不可！你从前为了你的君主无道，所以将他杀了。现在他的臣子，却是个有道之士。倘再将他杀了，这哪能教人信服呢！"

崔杼就放了晏子。晏子却对他冷笑道："你杀了君上，

---

❶ 见《诗经》。莫莫，茂盛貌。施，牵绕的意思。恺悌，和乐的样子。求福不回，是说不用不正当的手段去求福。

已干了大不仁的事，今日放了我，却是小仁，那有什么中用呢！”

晏子说罢出来，拉着索子上了车。他的仆御想鞭马快跑，晏子笑抚他的手道：“慢慢赶吧！走得快不一定会活，走得慢不一定会死。——鹿虽然生在山野，它的命却悬在庖厨。我的命也早有归宿了！”

小雀儿

小雀儿生了不久，景公将它捉来。小雀儿拍着两只弱小的翅膀，啾啾[1]地叫着。景公看它可怜的样子，仍旧送还巢里。

晏子听说景公有这件事，就不问时候，急忙进见。只见景公气喘喘的，额上流着不少的汗，就上前问道："大王做什么？"景公笑道："没什么，方才我捉了小雀儿，看它怪可怜的，所以仍旧放还了。"

---

[1] 啾（jiū）啾：细碎的声音。

晏子听说,就逡巡[1]着朝北拜了几拜,向景公道贺说:“好啊,大王做了圣王的事了!”

景公见晏子这样郑重其事,真给他弄得莫名其妙,就说:“我不过捉着小雀儿,看它可怜,所以放还。你却说是做了圣王的事,这是什么缘故呢?”

晏子正色答道:“大王捉到小雀儿,可怜它弱小,仍旧放还,这是明白长幼的情理,因此可见大王仁爱的心,已经在禽兽身上表现了,何况对于人呢?这正是仁圣的君主所做的事呢!”

---

❶ 逡(qūn)巡:退却不进的样子。

你不是我的君上

景公在日中被[1]了头发，乘着六匹马的车子，亲自替妇人驾御着，从宫门出来。一个刖[2]过足的守门人，忽然打回他的马，不令出宫，并且很无礼地对景公道："你不是我的君上！"景公受了这样羞辱，心里很惭愧，怏怏地回宫，一连好几日，不出来听朝。

---

❶ 被（pī）：指发不束而披散。

❷ 刖（yuè）：将脚筋割断叫刖，是古时刑法的一种，古时常使刖足的人守门，称为刖跪。

晏子见景公不出来听朝，遇着裔款[1]，就问道："君上为什么不出来听朝？"裔款就笑将前事告诉他。

晏子随即进见。景公一见晏子，就对他诉说道："前天我真不应该，我被着发乘了六马的车，亲御着妇人从宫门出去，不想那刖足的守门人，竟将我的马打回，并说：'你不是我的君上。'我想我蒙天子和诸位大夫的赐，得能管率百姓，守着先人[2]的宗庙，不料现在受刖足守门人的奚落[3]，以致羞辱国家。我难道还可以和各国诸侯并称吗？"

晏子见景公非常羞愤，就慰劝他道："大王不必心里难过。我听说臣下不肯直说，上面必有不好的君主；百姓有隐讳的话，君上必定多骄恣的行为。古时候上有圣明的君主，臣下也就多肯直说；君主好行善政，百姓也就没有隐讳的话。现在大王自己有不正当的行为，刖

[1] 裔款：人名，齐大夫。
[2] 先人：是指祖宗而言，管率百姓，奉祀宗庙，就是说做一国的君主。
[3] 奚落：讥讽侮辱的意思。

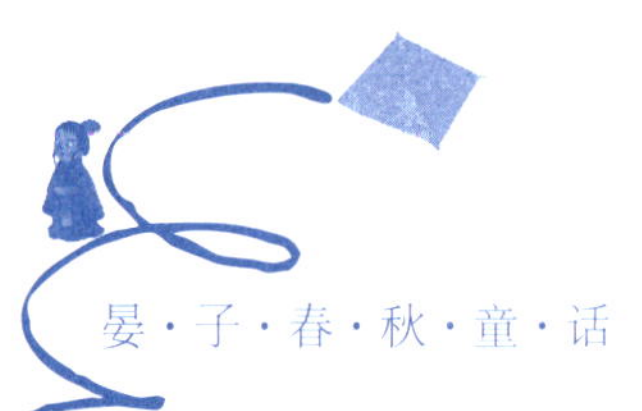

足的守门人，居然能够直言禁止，这正是大王的福呢。所以我特地来庆贺，还请大王重重地赏他，也见得大王的好善；好好地待他，也见得大王能够受谏。”

景公给晏子一番开导，心下泰然，后来又听说要赏那守门人，却又疑问道：“这可做得吗？”

晏子道：“可以。”

于是叫守门人从此以后得受加倍的俸禄，并豁免他的征役；朝会的时候，没有他的差事。

君上到了

景公在宫里饮酒。到了晚上，忽然记起晏子，就叫左右将酒席搬到晏子家去。左右奉命，连夜备齐车马，一路灯火辉煌，奔向晏子家来。前驱先到，很急促地敲着门，并高声叫道："君上到了！"

门上飞报晏子。晏子以为有紧要的公事，急忙穿起朝衣朝冠，出来迎接，立在门口忙问道："诸侯莫非有变故吗？国家莫非有要事吗？君王为什么连夜到臣家来呢？"

景公摇摇手笑道："不！不！醇醴[1]的酒味，金石的乐声，愿和先生来一同取乐。"

晏子听说，正色答道："张筵开宴，陈设簠簋[2]，我做臣子的却不敢参与享受！"

景公见晏子不允，讨了个没趣，就叫左右将酒席再搬到司马穰苴[3]的家去。左右又簇拥着景公而去。

不多时，前驱先到司马穰苴的家，就敲门叫道："君上到了！"穰苴以为有什么军情，急忙顶盔[4]披甲，提着戟赶出来迎接。在门口见着景公，就很张皇地问道："诸侯莫非有兵事发生吗？大臣们莫非有反叛的吗？君王为什么连夜到臣家来呢？"

❶ 醇（chún）：厚味的酒。醴（lǐ）：甜的酒。

❷ 簠（fǔ）：古时盛稻粱的竹器，内圆外方。簋（guǐ）：盛黍稷的竹器，内方外圆。比之现在盛菜蔬的盘碗。

❸ 司马穰苴（ráng jū）：齐将军，本姓田，因做大司马的官，所以称司马穰苴。景公时为将军，善用兵。

❹ 盔：军士所戴的帽。

景公笑道："没什么！醇醴的酒，金石的乐，特来和将军同乐。"

穰苴忙欠身谢道："张筵开宴，不是臣的事，臣不敢参加！"

景公见司马穰苴也不肯随和，又讨了个没趣。——左右的人也暗笑他们两人的固执，就向左右说："还是移到梁邱据[1]的家去吧！"

梁邱据一听景公驾到，他就左手拿了瑟[2]，右手拿了竽[3]，口里唱着歌，很从容地出来迎接。景公一见，心中大喜，不由地欢呼道："有趣啊！今天夜里我可痛快地一醉了！——但是没有那两个人，哪能治理我的国家呢？没有这一个人，哪能娱乐我自身呢！"

后来有人评论这件事说："圣贤的君主，都有正直

---

❶ 梁邱据：齐大夫，字子犹。
❷ 瑟：古乐器，二十五弦。
❸ 竽：古乐器，形如笙，三十六簧。

的朋友，没有荒乐的臣子。景公虽然不能及，但这两种人，他都能用他们，所以仅仅不致亡国。”

独　乐

有一天，晏子请景公饮酒。吩咐家人：酒食要好，器具要新。老年的管家[1]奉命去办，转来告晏子道："钱不够，请到百姓家去弄些来使用，怎样？"

晏子听了忙说："动不得！——你要知道，快乐总要上下相同的，所以天子和天下的人，诸侯和他封地里的人，大夫以下的人各和他的同事，都不应该独自寻乐的。现在在上位的人饮酒寻乐，却要在下的人来破费，这就是独自寻乐了。这万万不可的！"

---

[1] 管家：就是家中管理庶务的仆人，春秋时叫作家老。

范昭使齐

晋平公[1]想来攻打齐国，先差范昭来察看情形。

一天，范昭到了齐国，景公请他饮酒，又请晏子作陪。酒饮到酣然的时候，范昭立起身来，故意对景公道："敢请借用大王的酒杯。"景公就命左右说："将我的酒杯斟满了，让给客饮。"左右依命斟了，范昭接杯就饮。晏子在旁看不过去，很严厉地对左右道："收起这只杯子，另换一只。这里不是有了酒杯吗？"晏子一面说，一只

❶ 晋平公：晋悼公子，名彪。

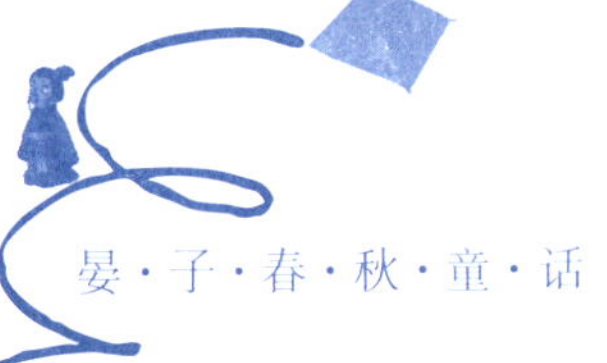

手指着范昭面前原有的酒杯，并瞪[1]目注视他。

范昭给晏子说破，心中理会，就假装酒醉，踉跄[2]着出席舞蹈，并对太师[3]道："你肯给我奏一套成周[4]的乐吗？你奏，我给你舞。"太师扳着脸孔答道："这个……我没有学过！"

范昭自讨没趣，乘醉趋出。景公却抱怨晏子道："晋是大国，今日派使来考察通好，我们应得优待他；方才你却奚落大国的使臣，那怎么好呢？"晏子笑道："我看范昭这人，并非不明礼。他原是有意试探大王，我所以斥绝他咧。"景公听说，又回头问太师道："你为什么不给他奏成周的乐呢？"太师对道："成周的乐，是天子所用的乐。要奏这乐，必须君主起舞。那范昭是人臣，却想用天子的乐，我所以不给他奏咧。"

---

❶ 瞪：张目怒视的样子。
❷ 踉跄（liàng qiàng）：步伐杂乱的样子。
❸ 太师：古时掌乐的官。
❹ 成周：春秋时称洛阳叫成周，是指周朝而言。

范昭回去报告平公说：“齐国还不可去攻打呢。此番我故意试他的君主，却给晏子识破了。我又想犯他们的礼，又给太师知道了。齐国有这样的人，哪里可以去侵犯！”

后来仲尼听说此事，就称赞晏子道：“不出于尊俎[1]之间，而能挫折敌人于千里之外。晏子真了得呢！”

[1] 尊俎（zǔ）：古代盛酒肉的器皿。尊，盛酒器；俎，置肉之几。

越石父

晏子出使到晋国去。路过中牟[1]，见一个人戴着破帽，披着裘衣，背着一大捆的柴，在路旁休息着。心想这人或者是个君子，就差人去问道："你是什么人？"那人答道："我叫越石父。"

晏子说："你是做什么的？"

越石父道："我是在此地给人做奴仆的。现在办好

[1] 中牟（mù）：在今河南中牟县。

了事，将要回去。”

“你为什么给人做奴仆？”

“我常常为饥寒所逼，所以给人做奴仆。”

“你做了奴仆几年了？”

“三年了。”

“可以赎[1]身吗？”

“可以的。”

晏子很看重越石父，心想救济他，又听得可以赎身，就解了车子左边的马送给他。越石父就牵了马去赎身，不一时回来见晏子。晏子就请他坐着车子，一同回来。

❶ 赎：取还所抵押的东西叫赎。从前奴仆可以买卖，若需恢复自由，必得用钱物取赎。

晏子到了家，也不和越石父说话，径自进去。越石父见晏子冷落他，就大发脾气，立刻要去❶。

晏子知道了，就差人去传话给他道："我原没有和先生交好呢。先生做了三年的奴仆，今天遇见我给你赎身，我想，我对于先生难道还有不是的地方吗？先生为什么这样的拒绝我呢？"

越石父很气愤地对来人答道："我听说，一个人虽然屈服于不知己的人，却应在知己的人前得意着。所以君子不自以为有功而看轻别人，也不以为别人有功，来卑屈我自身。我三年内给人做奴仆，没有人赏识我。现在你将我赎出来，我以为你是赏识我了。当你上车的时候，你不向我逊让，我还以为你是无心；现在又不对我辞让径自进去，这是待我和奴仆一般了。唉！不想我此番却依旧来做奴仆，我倒不如将身子卖给世人，仍去做我的奴仆！"

---

❶ 去：离开。

来人将他的话传给晏子，晏子就急忙出来见他道："从前我只见你的容貌，今朝却见你的心了。我听说考察一个人的行为，不去牵引他的过失；讲求实际的，不去讥笑他的说话怎样。现在我就对你谢罪，你肯不弃绝我吗？我从此改过了！"于是晏子差人打扫房屋，请他上座饮酒，非常尊敬他。越石父心里反嫌他过于尊礼，就道："我听说恭敬人家，不在表面上讲究；既然尊重他，不应该使他当初受着摈弃。你现在这样优待我，我却很不敢当啦！"晏子听他这样一说，心里很佩服他，就请他做上客。

后来有人称赞晏子道："寻常人对别人出力有功，就扬扬自得，渐渐对他骄傲起来。现在晏子替越石父赎身，救了他的患难，反而很谦恭地屈服于他，那比之寻常人真大不相同了！这实在是保全对别人有功的道理呢。"

御者之妻求去

晏子做了齐国的宰相。一天，乘车出门。他御者[1]的妻子，暗中从门缝里偷看着，只见她丈夫替宰相赶着车子，上面张着很大的车盖，鞭着驾车的四匹马。看他神气，扬扬然自以为很得意。

后来御者回家，他的妻子忽然向他请求，要和他离婚了。他很惊异地问她："为什么要去？"她说："晏子身长不满六尺，做了齐国的宰相，诸侯都闻名。方才我

❶ 御者：驾御车马的人。

偷看他出门，神气之间，好像很谦虚似的，一点不骄傲自大。现在你身长八尺，却替人做仆御。然而我暗中看你意气扬扬，自以为很得意。所以我要和你脱离了。”

御者听了他妻子的话，后来他自己就非常谦下，大变从前的骄傲态度。晏子看他前后像两个人似的，奇怪着问他，他就老老实实将他妻子的话说出。晏子暗暗称赞他勇于改过，就保荐他做了大夫。

北郭骚

齐国的北郭骚[1]，靠着结网、采蒲、编织鞋子来养活他的母亲，但是还不能维持，就上门来见晏子说："我因为仰慕先生很能救济穷苦，所以来向你求讨些去养我母亲。"晏子就叫人分些仓里的粟和库里的金钱送他。北郭骚却只收了粟，谢绝金钱。

过了几天，晏子见疑于景公，逃亡到国外[2]。路过北

---

[1] 北郭骚：姓北郭，名骚。春秋时齐国的隐士。

[2] 国外：指其他诸侯国。春秋时，臣子得罪革职，常常逃到国外去，叫作出奔。也有没有罪而出奔的。晏子的出奔，是不容于景公。

郭骚的家，就趁便去辞行。北郭骚听说晏子来了，就很恭敬地沐浴[1]了出来迎见他，随问道：“先生将到什么地方去？”晏子说：“我见疑于君上，所以将逃亡出外。”北郭骚很冷淡地道：“先生路上珍重吧！”

晏子见他毫无情义，怏怏地上车，随即长叹道：“唉！我此番逃亡，难道不应该吗？——我也太不识人了！”

晏子走后，北郭骚将他的朋友请来，告诉他道：“我前几天因为仰慕晏子的义气，曾向他去求讨过来养我母亲。我听说，替自己养过父母的人，应得和他同受患难。现在晏子见疑于君上，我将以死去替他表白[2]。”他就穿起衣冠，请他的朋友拿着剑，捧着笥[3]，跟他到景公那边，恳求传达的人说：“晏子，是天下的贤者，现在竟离去齐国，齐国必要受诸侯的侵略了。我见国家的必受侵略，所以不如死了，请借我的头来表白晏子。”随又回头对

[1] 沐浴：洗头叫沐，洗身叫浴，甚言其恭敬。

[2] 表白：说明、洗刷的意思。晏子见疑于景公，北郭骚替他去剖解明白。

[3] 笥（sì）：方的竹器。

他朋友道："将我的头盛在笥里，献给君上。"说罢就用剑自刎[1]。

他的朋友见北郭骚死了，就捧了他的头对传达的人道："这是北郭子为国家而死的，我也将为北郭子而死。"说罢也用剑自刎而死。

景公听了，大骇，急忙驾了驿传的车子，亲自去追晏子。追到郊外地方，赶上晏子，对他谢罪，坚请他回国。晏子不得已只好回来。后来听说北郭骚将死来替自己表白，又长叹道："唉！我此番逃亡，难道不应该吗？这样看来，愈见得[2]我太不识人了！"

❶ 刎：割断头颈叫刎，自杀叫自刎。

❷ 晏子起初救济北郭骚，到出奔时见他，以为总有情谊，不想北郭骚对他冷淡，所以自叹太不识人。后来北郭骚竟替他以死去表白，所以又叹太不识人。因为究竟识不透北郭骚是怎样的人。

挂牛头卖马肉

灵公喜欢女子作男子的装束，宫里的人，都女装男扮[1]。不想上行下效，国内的女子，也都男装了。灵公却差吏去严禁，说："如有女子而男装的，撕破她的衣裳，割断她的衣带[2]！"令下之后，到处可看到破衣断带，但是男装的风气，依旧不止。

晏子进见，灵公就问他道："我差人去严禁女子穿

---

❶ 扮：装饰叫扮。

❷ 衣带：古时衣服都有腰带。

男装的，撕断她们的衣裳束带，还不能禁止她们不穿，这是什么缘故呢？”

晏子明知灵公宫内的情形，就笑答道：“大王使宫内的人尽穿男装，却去禁止外面的人不准穿。这仿佛是在门首挂着牛头，而里面却卖着马肉。——大王要是先禁止宫内的人不穿，那么，外面的人哪里还敢穿呢！”

灵公点头说：“好！”就命宫内的人不准这样装扮。过了一月之后，国内的女子，果然没有再穿男装的。

使狗国进狗门

晏子出使到楚国。楚人因为晏子生得短小，特地在大门旁边开了个小门，来迎接晏子，故意和他开玩笑。

晏子走到门边，停步不进，说道：“使狗国的从狗门进去；现在我是来使楚国，不是使狗国，不该从这门进去。”迎接的人觉得反被他取笑了，便改引他从大门进去。

晏子进去，见了楚王[1]，楚王很轻蔑地望着他道："齐国难道没有人吗？"

晏子道："临淄[2]地方三百多闾[3]人家。人人张开衣袖，就可蔽日成阴；人人挥去汗水，就可成雨；肩膀相并，脚跟相接。大王从什么地方看来说齐国没有人？"

楚王冷笑道："那么为什么教你这样的人来出使呢？"

晏子道："齐国派遣使臣，各有用意。凡是能干的人都出使到好的国家去，碌碌无能的人，才出使到不好的国家。我是最无能的人，所以便到楚国来做使臣了！"

❶ 楚王：是楚灵王。
❷ 临淄：是齐国的都城。
❸ 闾：古时五家为比，五比为闾。

齐人善盗

当晏子将到楚国的时候，楚王先和他左右的人商量道："晏子是齐国最擅长辞令的人，现在他来了，我想寻个方法窘[1]他一下。你们想怎样才好？"左右的人道："当他来见的时候，我们当故意缚一个囚犯从大王面前走过。大王可问这是什么人，我们就说是齐国的人。大王然后再问他犯了什么罪，我们就说是因犯窃盗罪被捕。这样窘他，且看晏子怎样说？"

---

[1] 窘（jiǒng）：使难堪。

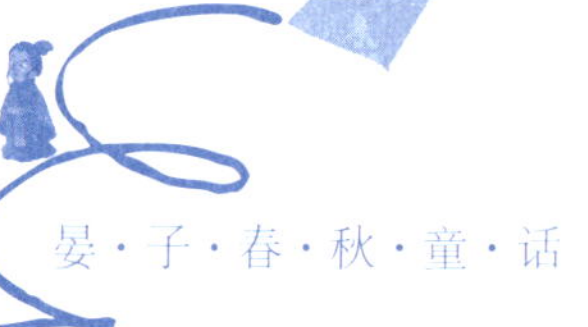

左右安排停当。不久，晏子到了，楚王请他宴饮。饮了一会儿，忽见两个吏卒缚了一人，到楚王面前。楚王故意问道："缚的人怎么的？"吏卒答道："这是齐国人，犯了窃盗的罪。"楚王看着晏子说："齐国人原来善于做盗吗？"

晏子连忙离了座位，站起来从容地答道："我曾听人说，橘子生在淮[1]南地方的叫作橘，生在淮北地方的却变作枳[2]。它们的叶虽相像，果实却不相同。这便是因为两地水土不同的缘故，——现在这个人生长在齐国，并不做强盗，一到楚国就做强盗。莫不是楚国的水土，使人民善于做强盗吧！"

楚王听说，心想："贤明的人，不能和他开玩笑，我现在反而自己去讨他取笑了！"

---

❶ 淮：水名，淮水以南叫淮南，以北叫淮北。

❷ 枳：木名，高六七尺，枝多刺，叶长卵形，花白，秋间实熟，和橘相像。初采叫枳实，皮厚而中实；晚采叫枳壳，皮薄而中虚，可以做药。

编后记

1931—1934年，中华书局出版了《儿童古今通》丛书。这套丛书的作者皆为民国时期大家，选取我国古代典籍中有趣味且富含哲理的故事，译成浅明易懂的语体文，以供小朋友们阅读。

本社此次精选部分书目进行整理再版。为了便于今天的儿童阅读和接受，将原来竖排繁体转化为横排简体形式。在保持总体语言风格不变的基础上，主要做了以下修订。

一是每个故事都配了一幅原创插画，既简洁生动，又契合文意。

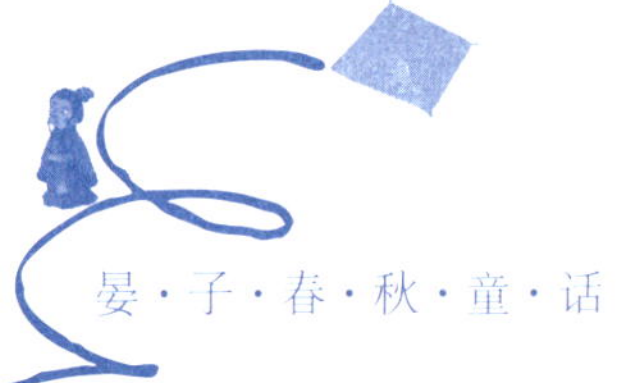

二是对一些疑难生僻字加了拼音和注释，以帮助儿童阅读和理解。

三是对标点符号及个别词语按照现在的用法规范和语言习惯加以修改。

四是对部分原文注释进行修订，以更加全面和严谨。

希望小朋友们在阅读这些童话的同时，能够感受到其中的精彩，进一步激发阅读原著的兴趣。正如著者之一的吕伯攸所说：“原书经过这么一次意译，也许会把它的本意走了味。不过，小朋友们先读了这本小册子，将来再读原书，未始不可借此做个引导啊！”

编者

2018 年 12 月